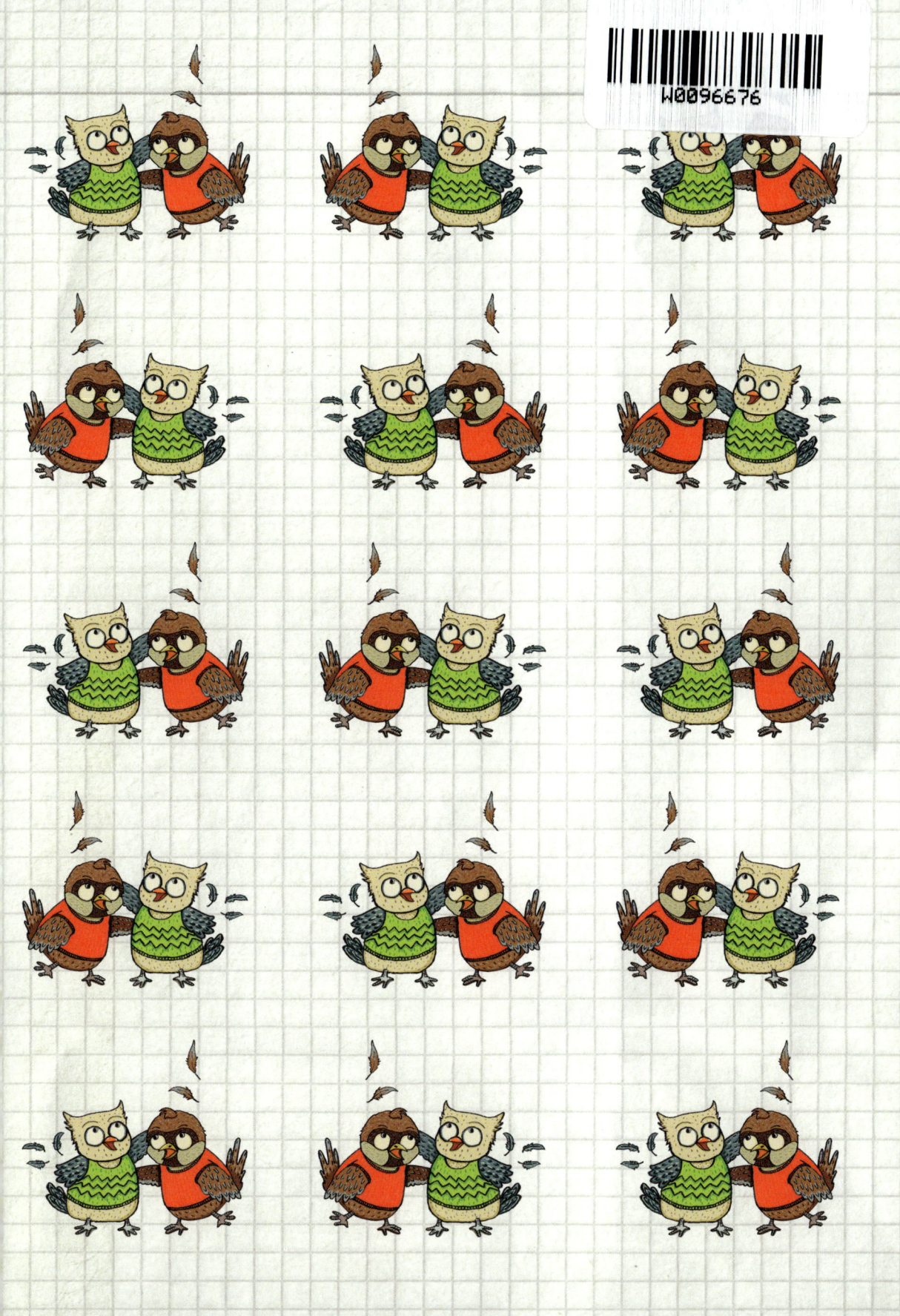

Die tollste Fußballmannschaft der Welt

© Carlsen Verlag GmbH, Völckersstraße 14–20,
22765 Hamburg 2016
ISBN: 978-3-551-06856-9
Umschlag- und Innenillustrationen: Jan Birck
Umschlaggestaltung, Layout und
Herstellung: Christiane Hahn
Konzept Gemeinsam Lesen: Irene Margil
Lektorat: Anja Kunle

CARLSEN-Bücher gibt es überall
im Buchhandel und auf www.carlsen.de

Die tollste Fußballmannschaft der Welt

Eine Geschichte von Irene Margil und Andreas Schlüter
mit Bildern von Jan Birck

INHALTSVERZEICHNIS

SPIELPAUSE — Seite 10

BASTIS IDEE — Seite 26

VERSTÄRKUNG — Seite 42

ANPFIFF! — Seite 58

SPIELUNTERBRECHUNGEN — Seite 74

Gemeinsam lesen ist eine super Sache –
mit deinen Eltern,
mit deinem Freund,
mit deiner Schwester,
mit deinem Bruder,
mit deiner Oma,
mit deiner Schulfreundin,
mit deiner Schulklasse …
Mit wem liest du am liebsten gemeinsam?

Spielpause

„Tschüss, bis morgen!", ruft Basti und winkt seinen Fußballfreunden Lasse und Ben zum Abschied.
„Nein, wir verreisen doch! Bis in zwei Wochen!", ruft Ben und steckt den Ball in seinen Rucksack.
Mist, das hat Basti ganz vergessen. „Mit wem soll ich denn jetzt trainieren?", fragt er.
„Du wirst schon jemanden finden! Tschüüüss!" Lasse winkt ihm von Weitem zurück. Lasse hat gut reden. Er und sein Bruder Ben können jederzeit überall zusammen spielen. Aber Basti?
Alle anderen, mit denen Basti sonst Fußball spielt, sind auch schon in die Sommerferien gefahren. Wen kann er jetzt noch fragen? In seiner Straße wohnen sonst nur Babys oder viel ältere Kinder. ▸

▸ Basti ist traurig.

Und Bastis Freund Hanno ist zwar nicht verreist, aber mit seinen Eltern in ein neues Haus in den Nachbarstadtteil gezogen. Er wohnt nun zu weit weg, um ihn alleine zu besuchen.
Aber mit Mara könnte Basti Fußball spielen. Warum er nicht gleich an sie gedacht hat! Sie ist die Einzige in seiner Straße, die so alt wie er ist. Basti darf in den Schulferien immer bei ihr zu Hause Mittag essen.
Aber als Basti sie fragt, winkt Mara ab. Fußball findet sie langweilig. ▶

„Ich mache lieber Judo.
Ich laufe doch
keinem Ball hinterher!"

Eigentlich sind Sommerferien toll! Aber für Basti ist es trotzdem die schlimmste Zeit des Jahres. Sommerpause in der Bundesliga. Alle Fußballfreunde verreist.
Sogar der Fußballverein, in dem Basti so gern mitspielen würde, hat Ferien. Bisher waren seine Eltern dagegen, dass er dort Mitglied wird.
„Der Verein ist zu weit weg!", findet Bastis Vater. „Da kannst du nicht alleine hinfahren!"
Sein Vater arbeitet in der Nachbarstadt und kommt immer spät nach Hause.
„Ich kann dich auch nicht pünktlich zum Training bringen!", hat seine Mutter gesagt. Sie schließt ihre kleine Buchhandlung erst, wenn das Training längst begonnen hat.

▸ Für Basti ist
jeder Tag ohne Fußball
ein doofer Tag.

Fußball gehört zu Basti wie sein Lieblings-
Marmeladen-Mohn-Brötchen zum Sonntagsfrühstück.
Also spielt er jetzt alleine vor dem Haus.
Er schießt den Ball gegen die Wand, dribbelt, hält
den Ball hoch und spielt wieder gegen die Wand.
Ohne Mitspieler und ohne Kampf um den Ball ist
das aber extrem langweilig.
Zu Hause überrascht ihn seine Mutter mit einem
neuen Fußballbuch.
„Zum Trost, weil doch alle weg sind", sagt sie.
Aber nicht mal das kann seine Stimmung verbessern.
Da klingelt es an der Tür. Basti stellt sich auf die
Zehenspitzen und schaut durch den Türspion.
Vor der Tür steht Frau Petersen aus dem 3. Stock.
Die Nachbarin zeigt auf ihren Hund. ▸

▸ „Hallo Basti!", sagt sie.
„Kannst du dich um unseren
Flummi kümmern?"

Ihr Mann muss für zehn Tage ins Krankenhaus und Frau Petersen will ihn täglich besuchen. „Aber unseren Flummi darf ich natürlich nicht mitnehmen", sagt sie. Der kleine weiße Wollhaufen sitzt ruhig neben ihr.
Basti muss genau hinschauen, um die schwarzen Kugelaugen hinter dem zotteligen Fell zu entdecken. „Könntest du täglich zweimal Gassi mit ihm gehen?", fragt Frau Petersen.
Das ist besser, als alleine zu sein, denkt Basti. „Mama, darf ich?", fragt er. Seine Mutter willigt ein. Sie findet, das ist eine gute Abwechslung für ihn.
Am nächsten Tag freut sich Basti darauf, mit Flummi zum Park zu spazieren. Doch draußen verwandelt sich der stille Hund auf einmal in einen Gummiball! Sprung für Sprung hüpft er Basti voraus. ▸

Sein Name passt perfekt zu ihm! Flummi hüpft wirklich wie ein Gummiball!

Warum wird er denn gar nicht müde?, fragt sich Basti. So gut in Form wäre er auch gern. Plötzlich bellt Flummi bei jedem Sprung.
„Wiffwiff-wiff."
Basti staunt. Flummi bewegt sich nicht nur seltsam vorwärts, sondern er bellt auch seltsam.
„Das heißt doch wuffwuff-wuff", sagt Basti und lächelt.
Auf der anderen Straßenseite geht ein Mann mit einem Schäferhund spazieren.
„Typisch Havaneser!", brüllt er zu Basti rüber.
„Wieso?", fragt Basti.
„Immer eine freche Schnauze!", antwortet der Mann.
Basti mag es nicht, dass der Mann so gemein über seinen neuen Freund redet.
„Hören Sie doch, wie höflich er ist!", sagt Basti.
„Wiffwiff-wiff", ruft Flummi und hüpft drei Mal in die Luft.
„Das bedeutet Guten Tag", behauptet Basti.

Flummi begrüßt alle, die in seiner Nähe sind.
Sein helles „Wiffwiff-wiff" schallt durch die Straße.
So dauert es fast eine halbe Stunde, bis sie endlich
den Park erreichen. Auf der großen Wiese spielen
einige Jungs Fußball. Gerade schießt einer aufs
Tor – und trifft!
Der Torschütze jubelt, der Torhüter schimpft.
Basti seufzt. Wie gern würde er mitmachen!
Aber die Jungs braucht er gar nicht zu fragen.
Die sind mindestens 13 oder 14 Jahre alt. Bestimmt
finden sie Basti viel zu jung zum Mitspielen.
Und Fußballspielen geht auch wegen Flummi nicht.
Basti kann ihn ja nicht einfach so lange irgendwo
anleinen.
Doch plötzlich reißt sich Flummi los und rast
auf den Platz. ▸

▸Er schnappt nach dem Ball und treibt ihn über die Wiese.

„Hey, hau ab!", brüllt der Torhüter.
Flummi flutscht zwischen den Beinen des größten Jungen hindurch und hüpft in die Luft.
„Das ist kein Trampolin! Weg da!", ruft ein kräftiger Junge und stößt Flummi mit seiner Schuhspitze beiseite.
Flummi zuckt zusammen und tapst winselnd unter den nächsten Busch.
„Der will doch nur spielen!", erklärt Basti empört und rennt zu dem Strauch, unter dem sich Flummi verkrochen hat.
„Spiel doch selbst mit dem Köter!", ruft das Muskelpaket.
„Deswegen brauchst du ihn noch lange nicht so fies zu treten!"
Basti entdeckt Flummi unter dem Busch.
„Flummi, komm zurück!", lockt Basti. Er kann ihn greifen und nimmt ihn auf den Arm. Gerade noch ein fröhlicher Gummiball, ist der Hund jetzt ein Häufchen Elend. ▸

▸ Basti streichelt Flummi.
„Hat er dir wehgetan?", fragt er.
Flummis Augen glitzern.

Bastis Idee

Basti setzt Flummi auf der kleinen Wiese am Rand des Parks vorsichtig auf den Boden. Schon hüpft Flummi wieder weiter.
„Du hast also Lust auf eine Runde Fußball?", fragt Basti und holt seinen Ball aus dem Rucksack. Flummi ist sofort dabei. Mal saust er mit einem Satz los und landet direkt auf dem Ball, mal beobachtet er ihn und rast erst dann hinterher.
Flummi verteidigt den Ball hartnäckig. Basti muss sich richtig anstrengen, um ihn zurückzuerobern. Endlich in Ballbesitz, braucht er alle seine Fußballtricks, um an Flummi vorbeizukommen. Ohne Pause springt der kleine Hund dem Ball hinterher.
Nach einer Weile ist Basti hundemüde und hockt sich auf den Rasen. Er gibt Flummi ein Stück von seinem Keks.
„Du bist der beste Trainingspartner!" ▸

▸ „Wiff-wiff", antwortet Flummi.
Basti überlegt.
Was hat Flummi wohl
gerade gesagt?

Am zweiten Tag ist wieder tolles Trainingswetter!
Basti nimmt Flummi an die lange Leine und
dribbelt zur Buchhandlung seiner Mutter.
Bestimmt freut sie sich über einen Besuch!
Flummi hüpft wieder voraus. Kurz vor dem Laden
quietscht es plötzlich fürchterlich. Jemand brüllt.
Basti sieht nirgendwo ein Auto. Nur den Postboten
mit seinem beladenen Fahrrad – und Flummi direkt
vor dem Vorderreifen!
„Kannst du nicht besser auf deinen Hund aufpassen?",
schimpft der Postbote. „Fast wäre ich auf der Nase
gelandet!"
„Tut mir leid. Wir gehen zum Fußballtraining",
sagt Basti und erzählt von Flummis Fußballkünsten.
Der Postbote schüttelt seinen Lockenkopf.
„Papperlapapp! Hunde können doch keinen Fußball
spielen!"

„Doch, Flummi kann das!",
sagt Basti.

Seine Mutter hat den Lärm gehört und erscheint in der Eingangstür.

„Hallo Basti!", sagt sie und schaut den Postboten verwundert an. „Nanu, Sie sind noch nicht weitergefahren?"

„Schaut mal!", ruft Basti schnell, damit der Postbote seiner Mutter nicht erzählen kann, warum er noch da ist. Er wirft Flummi den Ball zu und führt den beiden vor, was der kleine Hund alles draufhat: Ball holen, Ball verteidigen, Ball dribbeln, Ball mit der Schnauze voranstupsen … ▸

▸ Bastis Mutter klatscht begeistert in die Hände. Der Postbote staunt.

„Ob so was auch mit Puschel geht?", überlegt der Postbote.
„Mit welchem Puschel?", fragt Basti nach.
„So heißt mein Pudel. Ich bin übrigens Robert, und du?"
„Ich bin Basti", antwortet Basti. „Was Flummi kann, kann dein Hund bestimmt auch. Darf ich es ihm zeigen, Mama?"
Seine Mutter nickt.
„Toll!", sagt Robert. „Gegen Mittag habe ich Feierabend. Treffen wir uns um 15 Uhr an der kleinen Wiese im Park?"
„Super!", sagt Basti. Seine Mutter stimmt auch zu. Vor dem Treffen mit dem Briefträger und dem Hund üben Basti und Flummi noch ein bisschen zu zweit.
„Wiffwiff-wiff", bellt Flummi, als Robert auf die Wiese kommt. Hinter ihm trottet ein schwarzer Pudel. ▸

▸ Puschel und Flummi beschnuppern sich.

„Du denkst also, dass mein Hund auch Fußball spielen kann?", fragt Robert.
„Wenn du ihm hilfst, bestimmt!", sagt Basti und schiebt Puschel den Ball hin.
„Helfen?", fragt Robert. „Wie meinst du das?"
„Spiel einfach mit ihm!"
„Aber ich kann gar nicht … ich … ich …", stottert Robert.
„Im Doppelpack zum Tor", schlägt Basti vor.
Puschel sitzt regungslos vor dem Ball. Der Pudel hat nur Augen für Flummi.
Flummi stupst den Ball an. Puschel schaut ihm zu.
„Na los, Robert! Zeig ihm, wo er hinmuss!", ruft Basti.
Robert läuft los, Puschel läuft neben ihm. Robert kann nicht so gut sprinten. Aber das macht nichts. Dafür sind Robert und Puschel ein gutes Stürmerduo.

Basti freut sich.
Jetzt sind sie schon vier.
Zwei Zweibeiner und
zwei Vierbeiner.

Erst als es schon Zeit zum Abendessen ist, kehrt Basti mit Flummi nach Hause zurück. In seiner Straße trifft er Mara. Basti erkennt an ihrem weißen Anzug, dass sie vom Judotraining kommt.
Flummi hüpft aufgeregt vor ihr auf und ab.
„Was machst du denn mit dem Hund von Frau Petersen?", fragt Mara.
Basti weiß, wie sehr sich Mara ein Haustier wünscht. Am liebsten hätte sie einen Hund. Aber sie darf keinen haben, sagen ihre Eltern.
„Wir spielen Fußball. Komm doch mit, wenn wir morgen wieder trainieren. Der Briefträger und sein Pudel sind auch dabei!", schlägt Basti vor.
Mara stutzt. „Ihr spielt mit den Hunden Fußball?"
Eigentlich hat sie nach wie vor keine Lust, einem Ball hinterherzulaufen. Aber wenn Hunde dabei sind …
„Als Torhüterin brauchst du den Ball nur zu fangen!", sagt Basti. „Also, bist du dabei?"

Mara fragt nach:
„Spielen wir bestimmt
mit zwei Hunden?"
Basti nickt. „Versprochen!"

Am dritten Tag gehen Basti, Mara und Flummi gemeinsam zum Park.
„Wir haben einen Neuzugang!", ruft Basti.
Robert und Puschel begrüßen Mara freudig. Und sie ist eine wirklich tolle Torhüterin.
„Super, wie schnell du reagierst und jedem Ball hinterherhechtest!", lobt Robert.
Auch Basti ist begeistert. Er selbst hat immer Angst, sich beim Hinfallen wehzutun.
„Reine Übungssache", verrät Mara. „Das lernt man beim Judo. Ihr müsst euch mit einem runden Katzenbuckel seitlich abrollen. Dann kann euch nichts passieren und ihr seid schnell wieder auf den Füßen."
Sie zeigt den beiden, wie das geht. Robert und Basti üben und üben und üben.

Mara freut sich. „Super! Das klappt schon gut."

Plötzlich stehen ein paar große Jungs am Rand der Wiese und lachen laut.
„Haha! Was ist das denn für eine Gurkentruppe?", lästert einer und stolziert wie ein Gockel auf die Wiese.
Flummi knurrt und bellt aufgeregt. Jetzt erkennt auch Basti den Jungen und stellt sich breitbeinig vor ihn.
„Du warst das doch, der Flummi getreten hat, stimmt's?"
Der Junge grinst. „Jetzt stell dich nicht so an!"
„Sofort runter von unserem Platz!", brüllt Basti.
Der Gockel dreht ab.
„Was war denn los?", fragt Robert.
„Ach, nichts!" Basti winkt ab und streichelt Flummi.
„Na gut", sagt Robert. „Zum Abschluss lade ich euch zu einem Eis bei Fabio ein!"
„Super!", rufen Mara und Basti im Chor.
„Lauft!", ruft Robert den Hunden zu. „Bestimmt hat Fabio auch Wasser für euch!"

Flummi springt los.
Puschel folgt ihm.

Verstärkung

Fabios Eiscafé liegt direkt neben der Buchhandlung von Bastis Mutter.
„Aaachtung! Die Huuuuunde", ruft Basti.
Vor dem Eiscafé laufen die beiden Hunde Fabio direkt zwischen die Beine. Flummi springt von vorne, Puschel von hinten.
Fabio hält ein voll beladenes Tablett in die Höhe.
Er schaut nach unten und verliert das Gleichgewicht.
Er muss einen großen Ausfallschritt machen, damit er nicht hinfällt.
Sechs große Eisbecher klirren aneinander und gleiten zum Rand des Tabletts. Fabio hält dagegen und jongliert das Tablett in kleinen Bögen hoch und runter.
Flummi hüpft. Puschel bellt. ▸

▸ Die Waffeln auf dem Eis wackeln.
Die Löffel klappern.
Alle Gäste starren die Becher an.

Fabio kann sich im letzten Moment mit einem zweiten langen Schritt fangen. Die Eisbecher sind gerettet.

Robert, Mara und Basti klatschen Beifall. Alle Gäste klatschen mit.

„Mamma mia! Das war knapp!", lacht Fabio und serviert die Eisbecher.

„Tut mir leid", sagt Robert.

„Ich mag Hunde, kein Problem", grinst Fabio.

„Das war eine tolle Jonglier-Einlage! Können Sie so was auch mit einem Ball?", fragt Basti, als sie ihr Eis bestellen.

„Mit dem Ball jonglieren? Klaro!", sagt Fabio. Als Jugendlicher hat er in der Auswahl für die italienische Nationalmannschaft gespielt, erzählt er. ▸

▸ Mara starrt ihn an.
„Echt?"

Auch Basti schaut ungläubig. In der italienischen Nationalauswahl? Vielleicht flunkert Fabio ein bisschen?
Andererseits: Für so eine Aktion wie mit dem Tablett braucht man ein gutes Körpergefühl.
Als Fabio ihnen das Eis bringt, bemerkt Basti dessen O-Beine. Auch Robert betrachtet Fabio von Kopf bis Fuß. Fabio ist ziemlich klein.
„Stimmt das wirklich?", hakt Robert nach.
„Mamma mia!", ruft Fabio. „Ihr glaubt mir nicht? Morgen Nachmittag zeig ich es euch!"
Alle sind gespannt auf Fabios Vorführung und können das Training mit ihm kaum erwarten.
Basti grinst. „Morgen sind wir also schon zu sechst", sagt er. ▸

▸ Dann steckt er den Löffel tief in den Eisbecher.

Endlich ist es so weit: Am vierten Tag treffen sich alle im Park. Fabio hat sogar ein richtiges Trikot an. „Natürlich in Blau: die Farbe der italienischen Nationalmannschaft", erklärt er.
Geschickt lässt Fabio den Ball von seinem Fuß auf sein Knie und dann auf seinen Oberschenkel springen. Auch sonst geht er sehr gekonnt mit dem Ball um.
Alle sehen sofort, dass er sie nicht angeschwindelt hat. Fabio kann wirklich super Fußball spielen!
Ein bisschen schämt Basti sich jetzt, dass er an Fabios Geschichte gezweifelt hat.
„Ist schon lange her", sagt Fabio, als ihm der Ball bei einem Trick wegspringt. „Alles nicht mehr perfekt!"
„Du kannst ja mit uns üben!", schlägt Basti vor.
„Gern! Ihr seid die ungewöhnlichste Mannschaft der Welt!", lacht Fabio und klatscht mit allen ab.

Auch Flummi und Puschel stehen auf den Hinterbeinen und zappeln mit den Vorderpfoten.

Am fünften Tag holt Mara ein Paar neue Torwarthandschuhe aus ihrem Rucksack.
„Damit lasse ich keinen mehr rein!", verkündet sie stolz.
Alle sind beim Training voll bei der Sache.
Fabio zeigt ihnen neue Kombinationen.
Danach sind Schussübungen an der Reihe.
Immer wieder bleiben Spaziergänger eine Weile stehen und verfolgen das Training. Jeder kann sehen, wie viel Spaß sie haben.
Manchmal gibt es sogar Applaus von den Zuschauern, wenn eine Aktion besonders gut gelungen ist.
Ein Mann beobachtet jede Bewegung von Flummi und Puschel und hält sich dabei den Bauch vor Lachen. ▸

▶ Auch ein Junge im Rollstuhl schaut ihnen schon seit Trainingsbeginn zu.

Als Basti den Ball aus Versehen direkt vor den Jungen schießt, rast Flummi hinterher und springt aufgeregt an dem Rollstuhl hoch.
„Jaja, schon gut. Warte mal!", sagt der Junge und greift in eine Seitentasche an seinem Rollstuhl. Inzwischen ist auch Puschel bei Flummi und dem Jungen angekommen. Beide Hunde schnüffeln an seiner Hand.
„Ja, für euch hab ich immer was dabei", verspricht der Junge und verteilt zwei kleine Hundekuchen.
Als Basti herankommt und sich den Ball holen möchte, fragt der Junge: „Braucht ihr noch einen zweiten Torhüter?"
Basti kann sich nicht vorstellen, wie man im Rollstuhl ein Tor verteidigen können soll.
Der Junge ruckelt geschickt mit dem Rollstuhl hin und her. ▸

„Ich werde euch zeigen,
wie gut ich Bälle halten kann!",
sagt er.

Basti ist neugierig, ob der Junge es ihnen tatsächlich beweisen wird. So wie auch Fabio bewiesen hat, dass er nicht gelogen hat.
„Na, dann komm mal mit", sagt Basti und geht zurück auf die Wiese. Es dauert eine Weile, bis Basti merkt, dass der Junge ihm nicht folgt. Er steht regungslos auf dem Weg vor der Wiese.
„Die Kante ist zu hoch, hilfst du mir?", ruft er.
Basti kehrt um und schiebt den Rolli über die Kante.
„Danke! Den Rest schaffe ich alleine", sagt der Junge. Mit kräftigen Armbewegungen dreht er die Räder und rollt so über den Rasen.
Flummi springt um den Rollstuhl herum. Puschel verfolgt ihn.
Fabio und Robert unterbrechen ihre Schüsse aufs Tor, als Basti und der Junge sich nähern.
„Hier ist unser zweiter Torwart!", stellt Basti den Jungen vor.
„Super!", freut sich Mara. „Wie heißt du?"

„Tim!", antwortet der Junge.

Basti stellt Tim die anderen drei Spieler mit Namen vor und grinst: „Na, und Flummi und Puschel kennst du ja schon."
Alle schauen den Rollstuhl an.
„Keine Angst. Ich kann das trotzdem!", versichert Tim. „Beim Handball war ich schon öfter Torwart. Mit einem Fußball geht es bestimmt genauso gut!"
Und tatsächlich: Tim geht sehr geschickt mit seinem Rollstuhl um. Er hält sogar zwei Bälle von Fabio.
„Super, du bist dabei!", bestimmt Basti. „Mara, Robert und Puschel – ihr spielt gegen Tim, Fabio, Flummi und mich!"
Basti freut sich über das erste richtige Spiel.
Mit zwei Mannschaften auf zwei Tore.
Fabio pfeift durch zwei Finger.

Das ist das Signal. Anpfiff!

Anpfiff!

Basti, Fabio und Flummi stürmen auf Maras Tor. Robert und Puschel müssen verbissen verteidigen. Basti und Fabio kommen immer wieder schnell bis vor das Tor. Aber bisher haben sie noch keinen Treffer erzielt.

Mara hält zwei harte Schüsse von Basti. Einen Schuss von Flummi kann Puschel im letzten Moment abwehren.

Endlich kann Fabio den Ball zwischen Maras Beinen ins Tor schießen. Mara springt dem Ball noch hinterher und wirft sich zu Boden.

Aber zu spät. Tor!

Bastis Mannschaft geht mit 1:0 in Führung.

„Ist ja auch ungerecht! Ihr spielt mit einem mehr!", beschwert sich Mara, als sie den Ball holt.

Robert feuert Puschel an.
„Das nächste Tor machen wir!",
ruft er.

In einem Affentempo laufen Robert und Puschel nach vorne. Tim wackelt in seinem Tor nervös mit dem Rollstuhl hin und her.
Fabio sprintet Robert hinterher, bis beide auf gleicher Höhe sind. Basti ist mit zurückgelaufen. Aber Puschel stellt sich ihm geschickt in den Weg. Fabio bleibt an Robert dran. Robert fehlen nur noch ein paar Meter bis vor Tims Tor.
Plötzlich ertönt lautes Klatschen und Jubeln von der Seite. Fabio lässt Robert unbewacht und schaut sich um. Eine Frau im Jogginganzug steht am Rand der Wiese und winkt begeistert.
Robert dribbelt an Fabio vorbei und schießt mit voller Wucht aufs Tor. Aber Tim steht perfekt. Der Ball prallt vom rechten Rad ab ins Aus. Tim ballt die Faust und strahlt. ▸

„Habt ihr das gesehen?", fragt Tim.
Robert nickt fassungslos.
„Ja, haben wir!", murmelt er.

„Warum brichst du die Abwehr einfach ab?",
schimpft Basti und schaut böse zu Fabio.
Aber Fabio läuft schon der Zuschauerin am
Wiesenrand entgegen.
„Guten Tag, Frau Nowak!", ruft er.
„Hier stecken Sie also, Fabio!", sagt die Frau und
wischt sich den Schweiß von der Stirn.
„Warum spielen wir nicht weiter?", fragt Robert.
„Frau Nowak ist meine treueste Kundin", erklärt
Fabio. „Jeden Tag isst sie in meinem Eiscafé einen
Schokobecher und liest ein paar Seiten in ihrem
Buch."
Frau Nowak zählt inzwischen die Spieler ab.
„Euch fehlt ja ein Feldspieler!", stellt sie fest. ▸

▶ Puschel und Flummi schnuppern an ihren Hosenbeinen.

„Als ich Kind war, wollte ich auch Fußball spielen. Aber damals gab es noch keinen Mädchenfußball. Keiner hat mit mir gespielt. Vielleicht darf ich es jetzt mal mit euch probieren?", fragt Frau Nowak. Sie schaut zu Flummi und Puschel.
„Wenn sogar Hunde mitspielen dürfen?"
„Ich weiß nicht …", zögert Basti.
Frau Nowak ist ziemlich dick.
Ob sie das überhaupt kann?, überlegt er.
„Dann wären wenigstens beide Mannschaften gleich stark besetzt!", sagt Mara.
„Ist das hier ein Kaffeekränzchen oder Training?", brüllt Tim rüber.
Da streckt Frau Nowak auf einmal beide Arme nach oben und stellt sich auf ein Bein. Das andere Bein zieht sie seitlich nach oben bis weit über das Knie.

▶ Basti staunt.
Frau Nowak hält perfekt
das Gleichgewicht!

„Was machen Sie denn da?", fragt Fabio.
„Yoga!", sagt sie und stellt sich wieder auf beide Beine.
„Gebt ihr mir eine Chance, wenn ich mit dem ersten Schuss ein Tor lande?"
Basti weiß, dass auch viele Fußballprofis Yoga machen.
Alle nicken, bis auf Tim. Der wartet im Tor.
Frau Nowak legt den Ball vor sich hin, nimmt Anlauf und drischt ihn mit einem lauten Schrei weg. Der Ball fliegt genau zur Tasche, die den rechten Pfosten markiert.
Aber Tim hat aufgepasst und kann ihn gerade noch mit der Faust zur Seite abwehren. Um ein Haar wäre er durch die Wucht mitsamt seinem Rollstuhl umgekippt.
Fabio klatscht begeistert Beifall.

„Habt ihr diese Rakete gesehen?",
ruft Tim.

„Pech!" Frau Nowak zuckt mit den Schultern.
Dann ruft sie Tim zu: „Gut gehalten!"
„Das war trotzdem ein super Schuss!", lobt Basti.
„So eine erstklassige Spielerin muss eine Chance bekommen! Findet ihr nicht auch?", fragt Fabio in die Runde.
Alle stimmen zu und klatschen mit Frau Nowak ab.
Puschel und Flummi hüpfen an ihr hoch.
„Ich heiße Ludmilla, aber ihr könnt mich Milla nennen. Okay?"
„Herzlich willkommen in der tollsten Fußballmannschaft der Welt, Milla!", sagt Basti.
Tim rollt zu Frau Nowak.
„Mit welcher Technik haben Sie den Ball denn so weggedonnert?", fragt er. ▸

▶ Milla zuckt mit den Schultern.
„Pures Glück!"

Und dann geht's los. Vier gegen vier!
„Hierher!", ruft Robert.
Milla holt aus und schießt am Ball vorbei.
„Das kann jedem passieren", ruft Mara. „Los, noch mal!"
Puschel schnappt nach Millas Hosenbeinen.
„Weg da, sonst gibt's was auf die Ohren!", droht sie lachend.
Der zweite Schuss gelingt. Der Ball landet direkt neben Robert.
„Und jetzt rein damit!", ruft Mara nach vorne.
Robert donnert den Ball in Tims Tor!
„Keine Chance!", gibt Tim zu.
„1:1! Weiterspielen, schnell, Fabio!", fordert Basti.
Milla läuft mit nach hinten. Puschel jagt den bunten Hosenbeinen hinterher und verstellt damit Fabio den Weg.
Robert übernimmt die Verteidigung. Aber Fabio läuft flink an ihm vorbei. ▸

▸ Puschel rennt Fabio hinterher und bellt laut.

"Fabio! Hierher!", brüllt Basti und winkt.
Fabios Pass gelingt und Basti schießt direkt aufs Tor.
Mara streckt sich schnell und lenkt den Ball mit der Handschuhspitze zur Seite.
"Jippie! Abgewehrt!", freut sie sich.
"Super! Du hältst genauso gut wie Tim!", lobt Milla und lächelt.
Robert und Puschel sind völlig außer Atem.
"Aber das war ein wirklich starker Schuss, Basti!", tröstet Fabio und klopft ihm auf die Schulter.
"Und klasse verteidigt, Mara!", ergänzt er und hält den Daumen hoch.
Plötzlich hören sie lauten Gesang. Die älteren Jungs sind wieder da und stehen am Wiesenrand.
"Owee-owe-owe-owee! Das tut den Augen so weh!", grölen sie. ▸

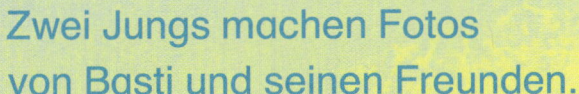

▸ Zwei Jungs machen Fotos von Basti und seinen Freunden.

Spielunterbrechungen

„Sind wir hier im Zoo?", fragt der eine Junge und richtet die Kamera auf Flummi und Puschel. „Das Foto muss ich meinem Kumpel schicken. Das glaubt der mir sonst nie – Fußball mit Hunden!"
„Owee-owe-owe-owee!", schallt es wieder vom Wiesenrand.
„Jetzt fehlt nur noch ein Walross an Krücken!", ruft der andere Junge mit der Kamera und lacht.
„Lasst sie einfach! Die wundern sich nur über unsere bunte Mischung", kommentiert Milla und schaut sich die Jungs genauer an.
„Die beiden kenne ich doch! Das sind meine Schüler. Ich bin ihre Deutschlehrerin." ▸

„Hallo Paul. Hallo Murat!",
ruft Milla ihnen zu.

Die beiden drehen sich erschrocken weg.
„Kommt doch mal her!", ruft Milla und winkt die Jungs zu sich. „Ich habe eine Neuigkeit für euch."
Murat und Paul traben widerwillig zu ihr zurück.
„Das ist sie. Ich hab doch richtig gesehen!", zischt Murat, als sie bei Milla ankommen. „Guten Tag, Frau Nowak!"
„Gebt den anderen aus eurer Gruppe doch bitte Bescheid: Wenn noch mal einer über uns lacht, schreibt eure Klasse gleich nach den Ferien ein Diktat!"
Murat schaut entsetzt. „Ein Diktat?", fragt er.
„Gleich nach den Ferien?", vergewissert sich Paul. ▸

"Und Post bekommt ihr dann auch nicht mehr von mir!", sagt Robert.

„Na und?", grinst Paul frech. Aber Murat jammert:
„Keine Post? Ich hab doch Karten für ein Konzert
bestellt. Die wurden gestern abgeschickt!"
Robert verschränkt die Arme vor der Brust.
„Wer uns auslacht, bekommt keine Post!"
„Oh Mann!", seufzt Murat.
„Aber wenn ihr uns nicht mehr auslacht, sondern uns
ein paar Tricks beibringt, spendiere ich im Café eine
Runde Eis!", verspricht Fabio.
„Und was ist mit dem Diktat?", fragt Paul.
„Und meinen Konzertkarten?", hakt Murat nach.
„Wenn ihr uns etwas beibringt, statt zu grölen,
fällt das Diktat aus und die Post wird zugestellt!",
erklärt Milla grinsend.
Murat und Paul laufen zu den anderen Jungs zurück. ▸

▸ Beide reden eine Weile auf ihre Freunde ein.

„Scheint nicht so einfach zu sein, die Jungs davon zu überzeugen, mit uns zu trainieren", überlegt Robert.
„Na ja, mal ehrlich", muss Tim zugeben. „Ich würde mir auch zweimal überlegen, ob ich es mit so einer ungewöhnlichen Mannschaft versuchen würde."
Er wirft Flummi und Puschel ein Stück Hundekuchen zu. Die beiden stürzen sich darauf und beginnen laut zu kauen.
„Wir können doch auch ohne die trainieren", sagt Mara und schaut verächtlich zu den Jungs rüber. Verärgert kickt sie den Ball gegen Tims Rollstuhl.
„Spinnst du? Du kannst mich doch nicht einfach anschießen!", schimpft Tim.
Plötzlich verbreitet sich schlechte Stimmung.
Doch da ruft Basti: ▶

▸ „Sie kommen!"

Die Jungs marschieren in einer Reihe auf sie zu.
„Also gut. Wir machen es. Am besten, wir fangen mit einem Trainingsspiel an", schlägt Paul vor.
Die anderen nicken.
„Danach zeigen wir euch, was ihr besser machen könnt", verspricht Murat.
Zum ersten Mal spielen Basti, Flummi, Puschel, Robert, Mara, Tim, Fabio und Milla zusammen als eine Mannschaft. Tim bleibt im Tor, Mara wechselt auf eine Abwehrposition.
Alle geben alles. Trotzdem steht es schon nach wenigen Minuten 10:1 für die Jugendlichen. Bastis Mannschaft hat keine Chance. Aber das interessiert sie nicht.
Sie haben viel Spaß und sind stolz auf das Tor, das ihr Nationalspieler Fabio erzielen konnte.
Nach dem Training genießen alle das Eis, das Fabio ihnen wie versprochen spendiert.

▸ Jeder bekommt eine besonders große Eiskugel.

Von nun an üben Basti und seine Mannschaft jeden Tag die Tricks, die ihnen die Jungs gezeigt haben. Auch als Herr Petersen aus dem Krankenhaus entlassen wird, trainieren Basti und Flummi weiter mit der ungewöhnlichsten Fußballmannschaft der Welt. Offenbar hat auch Flummi die ganze Zeit jemanden gesucht, der mit ihm Ball spielt.
Als seine Freunde Lasse und Ben aus dem Urlaub zurückkommen, spielt Basti mit ihnen gleich ein Match. Die beiden wundern sich, wie viele neue Tricks Basti auf einmal draufhat.
„Wahnsinn!", staunt Lasse.
„Wer hat dir denn das alles in so kurzer Zeit beigebracht?", fragt Ben.
„Meine neuen Trainingspartner", sagt Basti und erzählt von seinem Ferien-Team.

„Nach den Ferien spielen wir weiter! Immer samstags und mittwochs!", erklärt Basti stolz.
„Und wann spielst du mit uns?", hakt Ben nach.
Basti überlegt.
„Ich habe eine Idee", sagt er und strahlt über das ganze Gesicht. „Wollt ihr bei der tollsten Fußballmannschaft der Welt mitmachen?"
„Jaaaa!", rufen Lasse und Ben.
Basti schaut auf die Uhr.
„Gleich ist Training. Am besten fragen wir die anderen direkt, ob sie einverstanden sind."
Die drei Freunde gehen mit Flummi zu ihrer Wiese im Park. Mara, Fabio, Robert, Tim und Milla freuen sich über die Verstärkung ihrer Mannschaft durch Lasse und Ben.
Alle hüpfen im Takt und rufen: „Olee-ole-ole-olee!"

▸ „Wuffwuff-wuff", kläfft Puschel dazu.
Und Flummi bellt: „Wiffwiff-wiff!"

Ein (fast) pe

Alarm! Anton braucht einen Plan: Seine Fußballmannschaft **muss das nächste Spiel** gewinnen. Und das geht nur mit seinem **besonderen Glücksball**, glaubt Trainer Torsten. Als **bester Spieler** muss natürlich Anton auf den Ball aufpassen. Er versteckt ihn im **besten Versteck der Welt**. Aber plötzlich ist der Ball **futsch**. Alter Falter! Und Anton kann **überhaupt nichts** dafür! Also **fast** nichts…

 **LESENLERNEN MIT SPASS!**

- Für Leseanfänger ab 6
- Kurze und einfache Sätze
- Viele lustige Comic-Kritzelbilder
- Große Fibelschrift

fekter Held ...

Lesenlernen mit Spaß + Anton

Mein bestes Fußballspiel!
Also fast ...

CARLSEN

von Heiko Wolz und Zapf

ISBN 978-3-551-06830-9

CARLSEN
www.carlsen.de

EINE TIERISCHE R

Bim ist eine neugierige Maus. In alles steckt sie ihre kleine Nase, deshalb ist die auch so schief und krumm. Als Bim erfährt, dass das vergessliche Frettchen Sonett in großer Gefahr schwebt, will sie sofort helfen.

Lesenlernen mit Spaß +Bim
- Für Leseanfänger ab 6
- Kurze und einfache Sätze
- Hoher Bildanteil
- Große Fibelschrift

ETTUNGSAKTION

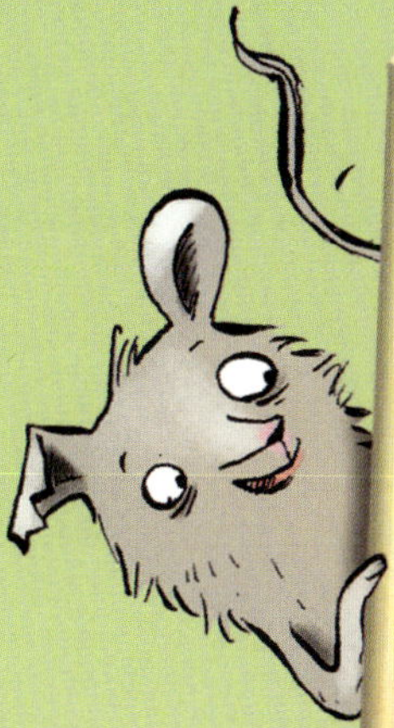

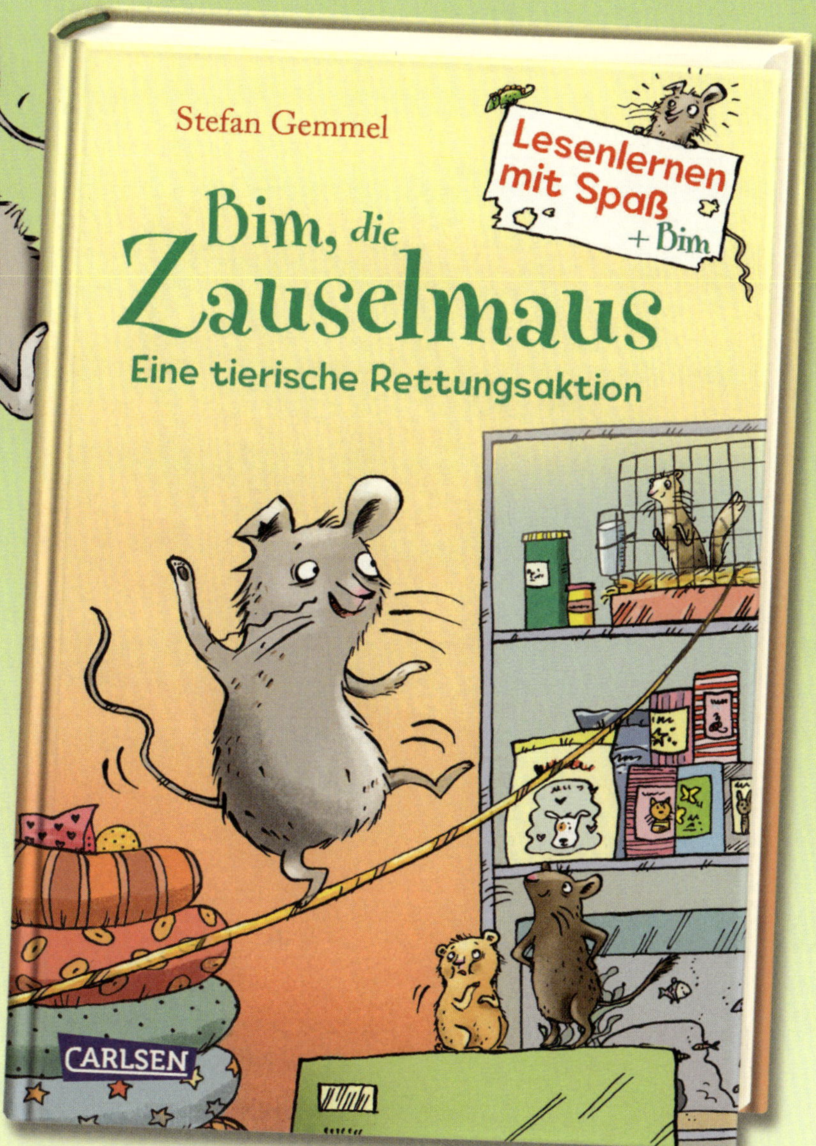
Stefan Gemmel
Lesenlernen mit Spaß
+ Bim
Bim, die Zauselmaus
Eine tierische Rettungsaktion
CARLSEN

ISBN 978-3-551-06827-9

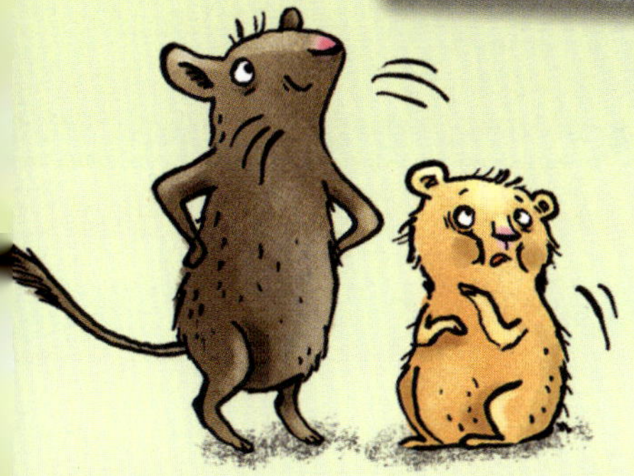

CARLSEN
www.carlsen.de

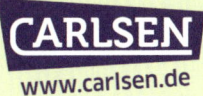

Noch mehr Sammelb

Erste Geschichten zum Lesenlernen
ISBN 978-3-551-06616-9

Schreibschrift-Geschichten zum Lesenlernen
ISBN 978-3-551-06622-0

Starke Pferde-Geschichten zum Lesenlernen
ISBN 978-3-551-06637-4

Mehr Bücher und Leselern-Extras auf www.lesemaus.de!

de zum Lesenlernen

Starke Fußball-Geschichten zum Lesenlernen
ISBN 978-3-551-06636-7

Lustige Schulgeschichten zum Lesenlernen
ISBN 978-3-551-06633-6

Neue Silben-Geschichten zum Lesenlernen
ISBN 978-3-551-06618-3

3 Bände in 1 nur € 5,–

www.carlsen.de

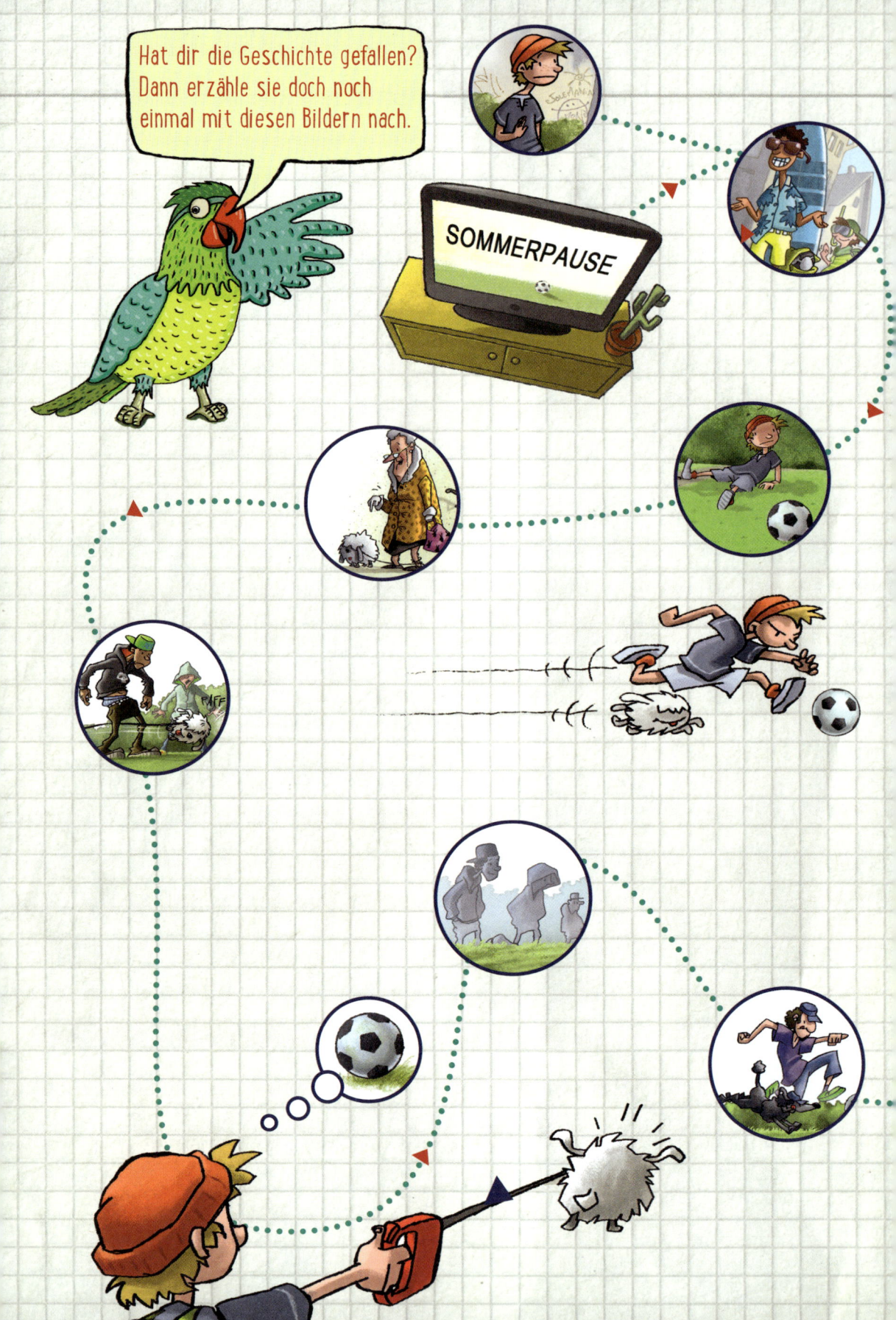